Renklerle Çarpım Tablosu

Boje i tablica množenja

Counting in Colours

جَدْوَلُ ضَرْبِ الأَلْوانِ الصّغير

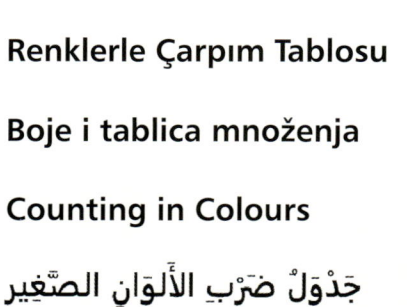

Das kleine Farben-Einmaleins

Reinhard Ehgartner | Helga Bansch

Mehrsprachige Ausgabe auf

Türkisch
von Şerafettin Yıldız

Kroatisch-Bosnisch-Serbisch-Montenegrinisch
von Filip Kozina

Englisch
von Jo Knepler Bedingfield

Arabisch
von Mahmoud Hassanein

Tyrolia-Verlag • Innsbruck–Wien

1 kere beyaz sabah kalktığında
Elinde kitabı ve kurbağası
Çoktan uyanmıştı bile kedisi
Mutfaktan yayılırken kakao kokusu.

1 puta bijeli spavati se trudi,
al' miris kakaa njega ipak budi.
Sa žabom i knjigom iz kreveta skače,
na doručak žuri, a prati ga mače.

1 mal Weiß schlüpft aus dem Bett,
berührt den Boden seiner Welt
mit Katze, Frosch und einem Buch,
ins Zimmer strömt Kakaogeruch.

1
Pyjama **white times**
is ready for a day of fun,
a book of rainbows under his arm
held tight, like a lucky charm.

1
ضَرْبٌ أَبْيَضَ يَنْهَضُ مِنْ السَّرِيرِ
يَخْطُو عَلَى أَرْضِ عَالَمِهِ الصَّغِيرِ
يَسْتَقِيلُ يَوْمَةَ النَّضِيرِ
مُبْتَسِمًا فِي وَجْهِ قِطِّهِ جَرِيرِ

2 kere sarı ormanlar kralı
Bağırmadan edemez sabahları
Derken artık herkes uyanır
O yürürken sanki yer-gök sallanır.

2 puta žuta sjedili su pokraj puta.
Izgledali su časno, rikali su glasno.
Zijevali su jako, protezali se lako.
I poput kraljeva odšetali – tek tako …

2 mal Gelb übt sich im Gähnen,
will sich und seine Pfoten dehnen,
brüllt mächtig, schreitet dann voran,
wie nur ein König schreiten kann.

Fierce **yellow times** 2
stalks the jungle and the zoo,
stretching lazily he yawns and roars
showing us his thorny paws.

2 ضَرْبُ أَصْفَرَ يَتمَطَّى وَيَزْأَرْ
أَبُو الأَشْبَالِ يَتَهَادَى وَيَتَبَخْتَرْ
مَلِكُ المُلُوكِ فِي زِيِّهِ الأَصْفَرْ
مِنْ أَسْمَائِهِ أُسَامَةٌ وَلَيْثٌ وَهَزْبَرْ

3 mal Grün, die Augen groß,
schwimmt auf dem Wasser wie ein Floß
und singt ein Mittagsquakkonzert,
das man noch in der Ferne hört.

3 kere yeşil kubağaya bak
Hadi birlikte konser verelim: Vakvak!
Sen istersen hayat ne güzel
Geç kalma gel, mutlu olmaya bak.

3 puta zelene na lopoču leže
tokom ljetnih noći koje nisu svježe.
Njihov koncert glasni kreketav je jako,
izdaleka njega čuti može svako.

Bug-eyed **green times** 3
is cold, wet and slippery,
jumping about from leaf to flower
let's all join in the croaky-croak choir!

3 ضَرْبٌ أَخْضَرُ نَقْنَقَ وَقَرْقَرْ
فَقُلْتُ: صِهْ لَا تَزِدْ وَلَا تُقَرْقِرْ
فَصَاحَ: إِنَّ أُذْنَكَ لَا تَعِي
جَمَالَ صَوْتِيَ الْأَلْمَعِي

4 kere pembe
Denemek sırası sende
Eğil bak, suda ne görürsün?
O gördüğün başkası değil, sensin.

4 puta ružičasti elegantno stoje
na dugim tankim nogama i ribice broje.
Posebno su lijepi kad saviju nogu,
jer na jednoj nozi stajat' dugo mogu.

4 mal Rosarot auf Beinen,
die schrecklich dünn und lang erscheinen,
schreitet tanzend, hebt den Fuß,
verneigt sich tief im Vogelgruß.

Leggy pink times 4
with beak, neck and feathers galore,
peering at the water with curious eyes.
Why, it's me, what a surprise!

4 ضَرْبْ وَرْدِي، أَنَا الطَّائِرُ الْبَمْيِي
طَوِيلُ السَّاق، غَزِيرُ الرِّيش
رَشِيقْ الْقَدّ، بَهِيٌّ الطَّلْعَة
طَوِيلُ الْعُنْق، سَرِيعُ الْحَرَكَة

5 mal Schwarz und weiße Streifen,
Pfoten, die nach Pfoten greifen,
wild im Spiel durchs Zimmer flitzen,
nachmittags am Fenster sitzen.

5 kere siyah ve beyaz şeritler
Ne kadar sevimlidir kediler
Oynarken odayı birbirine katarlar
Sonra da oturur pencereden
dışarı bakarlar.

5 puta crno-bijele pruge
skaču jedna iza druge.
Popodne uz prozor sjede,
a pokoja i prede.

Stripy black and white times 5
wildly chase, leap and dive,
noses pressed against the glass
quietly watching the world go past.

5 ضَرْبٌ أَسْوَدَ فِي أَبْيَضَ اِرْتَقَى
عَنِ المُوَاءِ، فَعَوَى ثُمَّ هَوَى
وَكَرَّ وَفَرَّ وَانْتَفَضَ شَوَارِبًا
وَرَفَعَ كَفًّا فِي العُلَا مُتَحَفِّزًا

6 kere mavi ve menekşe renkler
  Gün biter yatmaya giderler
  Son bir kez çırparlar kanatlarını
  Sonra derin bir uykuya dalarlar.

6 puta ljubičaste i plave,
  svaka s krestom navrh glave,
  navečer na prečku skaču,
  glasno pritom kokodaču.

6 mal Blau und Violett
beschließt den Tag und geht zu Bett,
flattert hoch auf eine Stange,
gackert kurz – und schläft dann lange.

Purple and blue times 6
look like fluffy balls on sticks,
Cluck, Crow, Squawk, what a fuss!
'til they fall asleep, just like us.

6 ضَرْبٌ أَزْرَقَ بَتَفْسَجِينَا عَنْ أَمِيرِ الشَّاعَرِينَا
يُرْوَى أَنَّ الثَّعْلَبَ بَرَزَ جِينَا فِي شِعَارِ الْوَاعِظِينَا
وقال: أَيْنَ الدِّيكُ يُؤَذِّنْ لِصَلَاةِ الصُّبْحِ فِينَا
فَصَاحَ الدِّيكُ: مُخْطِئٌ مَنْ ظَنَّ يَوْمًا أَنَّ لِلثَّعْلَبِ دِينَا

Wunderschönes Rot mal 7
wird durch deine Träume fliegen,
schwebend auf Geschichtenseiten
durch die Nacht zum Morgen gleiten.

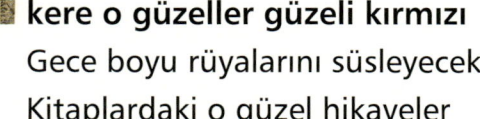 kere o güzeller güzeli kırmızı
Gece boyu rüyalarını süsleyecek
Kitaplardaki o güzel hikayeler
Seni yeni bir sabaha taşıyacak.

Crvenih nek puta 7
s likovima što ih gledam,
sa stranica knjige ove
proleti kroz tvoje snove!

Ruby red carpet times
a storybook ride is heaven,
exploring new worlds of delight
as we open our eyes to the morning light.

أَحْمَرُ ضَرْبٌ
فَأرٌ وَضِفْدَعٌ وَسَمَكَةٌ
وَديكٌ بَدينٌ وَقِطٌّ أَليفْ
في قَصيدٍ مِنَ الشِّعْرِ الطَّريفْ

3. Auflage 2023
© 2016 Verlagsanstalt Tyrolia, Innsbruck
Umschlagbild: Helga Bansch, Wien
Grafische Gestaltung und Satz: Nele Steinborn, Wien
Druck und Bindung: FINIDR, Tschechien

ISBN 978-3-7022-3541-3
E-Mail: buchverlag@tyrolia.at
Internet: www.tyrolia-verlag.at
Facebook: Tyrolia Verlag Kinderbuch

Ein **Buchstart-Bilderbuch** in Kooperation
mit dem Österreichischen Bibliothekswerk

Buchstart Österreich
www.buchstart.at

biblio

Mit Büchern wachsen lautet das Motto des Projekts **Buchstart** des Österreichischen Bibliothekswerks. In einer lebendigen Kultur des Erzählens, Zuhörens, Lesens und des miteinander Lernens kann man gut wachsen – nach oben und nach innen.

Die Idee zur mehrsprachigen Variante des **Kleinen Farben-Einmaleins** entstand im Zuge des Projekts **Initiativen zur Sprach- und Leseförderung im Bereich innovativer Elternbildung** der Katholischen Elternbildung in Österreich in Kooperation mit dem Projekt **Buchstart** des **Österreichischen Bibliothekswerks**.